Louis Eugène LEFÈVRE

Membre honoraire correspondant de la Société archéologique
de Corbeil et d'Etampes

LA
GRANDE-BOUCHERIE
DE PHILIPPE-AUGUSTE
ET
L'HOTEL SAINT-YON
A ÉTAMPES

(XIIe ET XVe SIÈCLES)

PARIS

ALPHONSE PICARD ET FILS, ÉDITEURS.

LIBRAIRES DES ARCHIVES NATIONALES ET DE LA SOCIÉTÉ DE L'ÉCOLE DES CHARTES

Rue Bonaparte, 82

—

MCMIX

Hommage
J. Eug. Lefèvre

LA GRANDE-BOUCHERIE
DE PHILIPPE-AUGUSTE
ET
L'HOTEL SAINT-YON
A ETAMPES

Extrait du *Bulletin de la Société Historique et Archéologique de Corbeil, Étampes et du Hurepoix* — Année 1909, pages 32 à 46.
Tiré à 120 exemplaires.

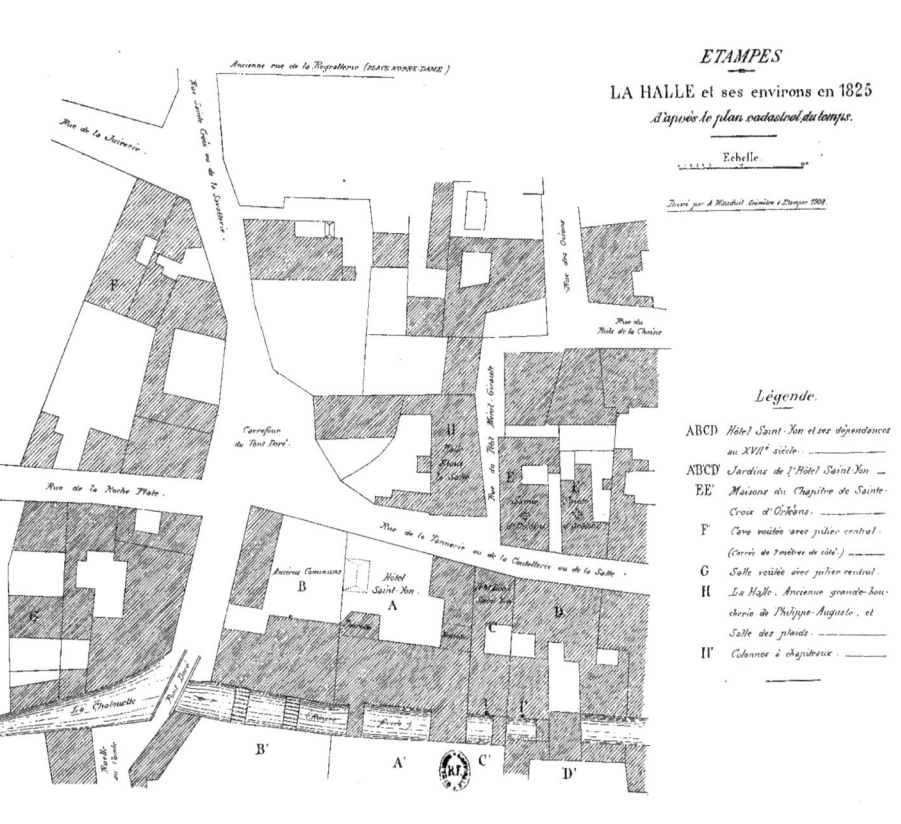

Louis-Eugène LEFÈVRE
Membre honoraire correspondant de la Société archéologique
de Corbeil et d'Etampes

LA
GRANDE-BOUCHERIE
DE PHILIPPE-AUGUSTE
ET
L'HOTEL SAINT-YON
A ÉTAMPES

(XIIe ET XVe SIÈCLES)

PARIS
ALPHONSE PICARD ET FILS, ÉDITEURS,
LIBRAIRES DES ARCHIVES NATIONALES ET DE LA SOCIÉTÉ DE L'ÉCOLE DES CHARTES
Rue Bonaparte, 82

MCMIX

LA GRANDE BOUCHERIE

DE PHILIPPE-AUGUSTE

ET L'HOTEL SAINT-YON

A ETAMPES

Les maisons du Moyen Age existent encore fort nombreuses à Etampes : si nous ne les distinguons pas, c'est parce qu'elles furent défigurées au cours des siècles et ont ainsi perdu, au moins superficiellement, leur caractère spécial. Souvent on les devine de très vieux logis ou d'antiques échoppes, sans qu'on puisse déterminer, même à cent années près, le temps de leur fondation. Quelques-unes, dédaigneuses des maquillages, usent encore des grâces d'un art suranné pour avouer leur naissance vers le XVe ou vers le XVIe siècle. Pour d'autres, c'est un déshabillage fortuit, un décrépissage indiscret qui révèle à nos yeux amusés ou ravis des structures désuètes et l'âge vénérable d'une petite demeure cinq ou six fois centenaire : de quels masques plats et insignifiants n'ont pas été affublées nos plus vieilles habitations particulières !

Nous connaissons ainsi les vestiges d'une construction érigée au XIIe siècle, le plus vraisemblablement dans la seconde moitié [1]. A vrai dire, il ne s'agit pas d'un ancien logis ou manoir, et les détails caractéristiques de son origine n'abondent pas, au moins dans l'état actuel de la maison ; car il suffirait probablement de décrépir les murs extérieurs pour dégager de nouvelles particularités

---

1. Déjà signalée par M. Max. LEGRAND, *Etampes pittoresque*, 2e édit., t. I, p. 180.

certaines et retrouver enfin des formes romanes ou du style gothique primitif.

J'ai cru devoir attirer l'attention sur cette construction non seulement parce qu'elle est un exemple jusqu'à présent unique à Etampes, mais encore parce que son origine est entourée de circonstances historiques qui la signalent spécialement et augmentent beaucoup son intérêt.

La construction dont je veux parler appartient à la ligne de maisons serrées entre la rue de la Tannerie et la rivière canalisée qui traverse la ville depuis le xie siècle ([1]). Elle est cachée par un autre petit bâtiment en façade sur la rue. Mais celui-ci est bien connu de tout le monde, à cause des marques flagrantes que sa façade sur la rue a conservées du temps jadis.

Ce pittoresque logis porte le numéro 15 de la rue de la Tannerie([2]), et s'appela longtemps « *le Petit Hôtel Saint-Yon* », parce qu'il a été une dépendance de *l'Hôtel Saint-Yon* proprement dit, autre vieille demeure plus imposante et plus ornée, à laquelle il est du reste contigu ([3]).

Le corps de bâtiment en façade sur la rue ne date peut-être pas du xiie siècle ; en tout cas, rien dans son aspect ne rappelle l'époque romane ou les débuts des temps gothiques, et il aurait alors subi plusieurs remaniements importants vers les xve et xvie siècles : on se rappelle sa porte en bois sculpté, aux panneaux plissés en parcheminure, et que surmonte une niche gothique vide.

Séparée de ce petit bâtiment par une étroite cour, et connue seulement des familiers, est la construction un peu plus vaste qui m'a entraîné à écrire cette étude. Par bonheur, s'il y a eu là des altérations certaines et graves, — au xvie siècle, si l'on en croit la boiserie élégante d'une fenêtre de style Renaissance, — elles ont laissé subsister des fragments importants de l'édifice originel permettant de se faire une idée des dispositions architecturales dans les parties basses.

1. L. Eug. Lefèvre, *Etampes et ses monuments aux* xie *et* xiie *siècles, mémoire pour servir à l'étude archéologique des plus anciens monuments étampois*, extrait des *Annales de la Société archéol. du Gâtinais*, Paris, A. Picard, 1907, p. 32.

2. Autrefois rue de la Coutellerie, et dénommée aussi familièrement rue de la Salle, probablement à cause de la Salle des Plaids, réservée à cet usage jusqu'en 1518, et non pas à cause d'une auberge, comme je l'ai lu quelque part.

3. Les deux propriétés ont été réunies au moins pendant plusieurs siècles, entre 1607 et 1820.

Ainsi nous découvrons, engagées dans le mur de la façade orientale qui regarde la vallée, une colonne avec chapiteau et base dont le caractère appartient franchement au style du XIIe siècle : et il n'est pas certain qu'il n'en existe pas d'autres invisibles dans le mur dont le pied baigne dans l'eau : en tout cas, il se trouve une autre colonne avec son chapiteau qu'une ouverture dans le mur a laissés presque entièrement dégagés. Je ne me crois pas en droit d'en faire état comme de la première, parce que son chapiteau n'est pas placé au même niveau que l'autre : il est possible qu'on l'ait simplement baissé pour le faire passer sous une pièce de bois, en l'espèce un linteau qu'il fallait soutenir. Du reste, on trouve encore d'autres débris de fûts de colonnes que l'on a rassemblés pour supporter les poutres du plancher en divers endroits. Ce sont les seules traces d'art roman qu'on a laissées à notre curiosité dans la maison, mais elles suffisent, je pense, à indiquer que le rez-de-chaussée de la façade était ouvert avec de grandes arcades ([1]).

Je reconnais d'ailleurs bien vite que cette disposition n'a rien de très extraordinaire. Mais il se trouve que la maison, comme toutes ses voisines placées dans le même rang, est, ainsi que je l'ai dit, baignée par une rivière canalisée ([2]). Les colonnes enfermées dans le mur de la façade orientale sont donc sur le bord de l'eau, et le sol du rez-de-chaussée ([3]) n'était qu'à plusieurs centimètres au-dessus du niveau de l'eau de la rivière, comme celui d'un lavoir ordinaire.

Le bâtiment forme un rectangle ayant environ 13 mètres de long, sur 8 mètres 50 de large.

---

1. A l'intérieur de la maison, dans l'axe de la première colonne citée, on découvre encore engagée dans une cloison, la partie basse du fût d'une autre colonne, distante de moins de quatre mètres, et dont la base a tout l'air d'être enterrée. Cela laisse donc encore supposer que le rez-de-chaussée tout entier était une grande pièce dont le plafond reposait sur une ligne de colonnes. Toutefois il faut se méfier du déplacement des colonnes ; et je m'empresse de dire que, malgré l'invraisemblable supposition de colonnes apportées là et engagées dans les murs sans avoir servi à cette même place, je fais à cet égard toutes les restrictions nécessaires.

2. La rivière a de 4 mètres à 4 mètres 50 de largeur.

3. Il s'agit en réalité de la partie la plus inférieure de la maison, à l'origine ; mais son sol, dans l'état actuel des choses, est au-dessous du niveau de la rue, et pourrait être considéré comme un sous-sol ; j'ajoute qu'il y a néanmoins des caves véritables, construites avec voûtes vers le XVe ou le XVIe siècle, et dont le niveau est sensiblement inférieur à celui de la surface de la rivière elle-même.

En résumé, il est supposable que la maison fut construite pour abriter une industrie ayant besoin d'un accès facile à la rivière, et même qu'il s'agit d'un abattoir, d'une peausserie ou d'une mégisserie.

En effet, les étaux de boucherie étaient établis de l'autre côté de la rue, bien avant 1186. Philippe-Auguste avait fait construire en cet endroit sa Grande-Boucherie sur l'emplacement des anciens étaux[1]. En outre, les bouchers et charcutiers étaient obligés par des règlements de *tuer* les animaux « *sur les rivières et non en leurs maisons* », comme stipulent les vieux textes[2]. C'est pourquoi notre bâtiment à arcades, placé entre les étaux et la rivière, doit avoir été une dépendance de la boucherie, avec la grande maison voisine dont le nom d'Hôtel Saint-Yon paraît être encore un garant qu'elle fut la propriété des bouchers.

En effet, la famille de Saint-Yon se trouvait, au XIIe siècle, à la tête de tout le commerce de boucherie qui pouvait se faire dans Paris. Formant une communauté régie dans ce but par un règlement spécial[3], les Saint-Yon étaient les uniques détenteurs des étaux, et, à l'imitation d'un système établi à Rome dans l'Antiquité, ils possédaient, comme une charge d'Etat ou un fief transmissible, la surintendance, la juridiction, la police, la surveillance sanitaire même, sur tout ce qui concernait le voyage, la vente et le débit des bestiaux dans la grande ville[4]. Il en était ainsi dès le milieu du XIIe siècle,

---

1. FLEUREAU, ouv. cité, p. 75.

2. *Coustumes des baillinge et prévosté d'Estampes, anciens ressorts et enclaves d'iceluy Bailliage rédigées et arrestées, au moys de Septembre 1556, par ordonnance du Roy.* Paris, 1557, in-8°. Voici le texte de deux articles intéressants qui montrent en outre un réel souci de l'hygiène :

Art. 185. — N'est loisible à personne faisant sa demourance en la ville d'Estampes tenir bestes à laines, porcz, oyes, et canes, sur peine de confiscation desdites bestes, oyes et canes, et d'amende arbitraire.

Art. 186. — Peuvent néanmoins les bouchers pour la fourniture de ladite ville, tenir en icelle les dites bestes à laine pour huit jours seulement, et sont tenuz iceux bouchers tuer leurs bestes sur la rivière et non en leurs maisons.

Il faut noter que, durant le Moyen Age, on tirait l'eau des puits pour l'alimentation. On craignait moins d'utiliser les rivières comme de grands égoûts naturels.

Sur les *tueries* et *escorcheries*, voir C. ENLART, *Manuel d'archéologie française*, t. II, p. 257 ; et DE CAUMONT, *Abécédaire, Arch. civ. et mil.*, 1869, p. 230-235.

3. Ce réglement a été publié tout au long par le R. P. Jacques DU BREUL, *Le Théâtre des Antiquités de Paris*, Paris, 1612, in-4°, p. 787.

4. Au fur et à mesure que les murs de Paris étaient reculés, la communauté des Saint-Yon rencontrait dans les nouvelles annexes d'autres privilégiés avec lesquels elle passait alors des contrats. Elle traitait même quelquefois avec des privilégiés placés en dehors des murs. Le cas s'est présenté pour les Templiers en 1182. L'abbaye de Saint-Germain des

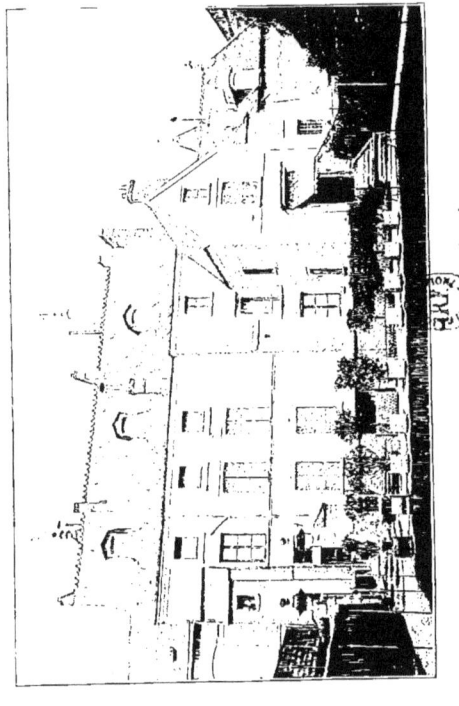

Pl. I. — Grand-Hôtel-Saint-Val et dépendances.
Façade du côté de la rivière

— 9 —

et, en 1182, Philippe-Auguste confirma seulement les privilèges et les coutumes de la Communauté(¹). Enfin, en 1189, celle-ci paraît avoir réorganisé ses étaux qui, au nombre de vingt-trois, étaient situés en face du Châtelet, *auprès de la Seine*, et connus sous le nom de la *Grande-Boucherie*.

D'un autre côté, c'est en 1186 que Philippe-Auguste réforma le commerce de la boucherie à Etampes. On serait donc tenté de croire que le roi étendit alors jusqu'ici le privilège de la Communauté de Saint-Yon. On s'imagine volontiers ces puissants hommes d'affaires réorganisant et reconstruisant pour le compte du Souverain, tout en lui payant chaque année une redevance plus forte que celle perçue par lui jusqu'alors. Mais, s'il n'y a aucun doute sur l'établissement des Saint-Yon à Etampes, tant s'en faut que nous soyons éclairés sur l'époque de l'événement et sur le rôle exact joué par leur Communauté dans cette ville.

Au contraire, non seulement les textes les plus anciens ne font pas mention des Saint-Yon, comme bouchers d'Etampes, mais ils les écartent plutôt, tout au moins durant les xiie et xiiie siècles.

Voici ce que nous distinguons de plus clair. Avant 1186, il existait une boucherie dans chaque quartier de la ville, à Saint-Martin, à Saint-Gilles, à Saint-Pierre, et à Notre-Dame au lieu que nous avons indiqué. Cette dernière boucherie, qui était la plus importante, et appartenait à Hugues Nascard (²), était probablement divisée en plusieurs étaux avec chacun un tenancier différent. Donc, vers 1186, Philippe-Auguste se substitua (³) à Hugues Nascard en l'indemnisant certes (⁴), mais dans le but de supprimer un intermé-

Prés possédait également des étaux indépendants en vertu de très anciens droits, et parce qu'elle était établie hors l'enceinte.

1. Un système semblable existait pour la boulangerie, qui était sous la dépendance du grand panetier ; et d'autres branches d'industrie ou de commerce, fripiers, gantiers, pelletiers, cordonniers, selliers, bourreliers, etc., avaient un grand chef en la personne du chambellan royal.

2. D'après notre érudit collègue, M. Joseph Depoin, ce nom est devenu Nacquard.

3. Il est remarquable combien souvent Philippe-Auguste a employé ce procédé à Etampes. Quand il casse la Commune ou quand il supprime l'abbé de Notre-Dame, c'est pour augmenter les ressources royales et tirer de toutes choses un maximum de rendement. Nous trouvons dans l'acte de la boucherie une nouvelle application du système. Voir notre *Etampes et ses monuments aux xie et xiie siècles*, pp. 21-24 et 62-74.

4. Avec 100 sols paris. de rente perpétuelle à prendre sur le revenu de la nouvelle boucherie. A noter que le diplôme délivré en 1187 était postérieur aux changements et aux travaux exécutés par Philippe-Auguste. — Cette même rente fut transférée en 1246

— 10 —

diaire coûteux, et de profiter seul des augmentations de rente qu'il avait en vue. Tout ceci se trouve confirmé par des actes postérieurs (¹).

Enfin dans l'acte de 1187, comme dans un autre de 1274, l'autorité complète du suzerain propriétaire est affirmée sans restriction (²).

La conséquence de tout cela, c'est qu'il ne faut pas hésiter à prendre à la lettre les termes précis du diplôme de 1187 : Philippe-Auguste a fait démolir pour son propre compte les anciens étaux, et il a fait reconstruire les nouveaux pour en tirer directement du profit. De sorte que les halles détruites soit en 1763, soit vers 1835, étaient un édifice royal(³). De même, selon toute évidence, le petit manoir qui m'a entraîné à faire la présente étude et qui fut primitivement, à n'en pas douter, une dépendance de la Grande-Boucherie, doit être un reste des bâtiments érigés vers 1186 par Philippe-Auguste. C'est donc un édifice royal, à moins cependant qu'il ait été construit par Hugues Nascard ou l'un des prédécesseurs de celui-ci ; il est extrêmement difficile de se faire une opinion précise à ce sujet.

En tout cas, nous nous trouvons en présence d'une construction élevée pour servir à une industrie dérivant de la boucherie : tuerie, peausserie ou mégisserie ; et en considérant la sculpture classique de ses chapiteaux et la belle proportion de ses colonnes, elle nous

par un nommé Guyard de Papillon à l'abbaye royale de Villiers près de La Ferté-Alais (FLEUREAU, *ouv. cité*, p. 134).

1. En 1246, saint Louis autorise que la rente sur les étaux consentie à Hugues Nascard en 1187 passe à l'abbaye de Villiers sans qu'il soit question d'aucun concessionnaire général, Saint-Yon ou autre. — En 1274, la reine Marguerite, devenue dame suzeraine d'Etampes, délivre un acte accordant directement des baux aux tenanciers des divers étaux de la nouvelle boucherie, moyennant 72 livres paris. de rente, lesquels apparemment se payaient encore au xvII^e siècle (FLEUREAU, *ibid.*, p. 137).

Les tenanciers d'alors s'appellent Guillaume de La Ferté, Paul Breton, Guillaume de Marie, Pierre Rouault, Jean Mallard, Jean Catault et Jean Colard ; ils possédaient également des privilèges de famille (FLEUREAU, *ouv. cité*, p. 136-137). La Communauté de Saint-Yon s'est peu à peu associé plusieurs familles qui naturellement devaient être riches et n'ont rien de commun avec les petits bourgeois ci-dessus : ces familles portaient les noms de Thiberts, Ladehors et d'Auvergne.

2. « …*quoniam propter stalla Hugonis Nascardi, quæ destructa fuerunt et eversa, quando stalla nostra Stampis fieri fecimus…* » ; — « . .*in stallis nostris carnificium Stampensium…* » ; — « …*quod nos carnificibus Stamparum, qui consueverunt boucheriam Stampensem, quæ dicitur ad novos stallos…* » (FLEUREAU, *ouv. cité*, p. 134 et 136).

3. L. Eug. LEFÈVRE, *ouv. cité*, p. 75, note 3.

offre une nouvelle preuve du soin et de l'intelligence pratique avec lesquels nos ancêtres du Moyen Age installaient leurs locaux destinés au travail industriel ou commercial.

Sur le bâtiment de la Grande-Boucherie construit par Philippe-Auguste et dont les derniers vestiges ont disparu vers 1840, nous savons fort peu de chose. Aucun dessin, si mauvais soit-il, n'est là pour nous en donner l'image même imprécise ([1]). Nous savons seulement par Fleureau que le bâtiment avait un étage : au-dessus des étaux se trouvait une grande salle où, depuis un temps indéterminé, mais vraisemblablement depuis la fondation, se tenaient les *plaids*, c'est-à-dire les plaidoiries, les tribunaux civils. La justice, — qui, dans Etampes, était réservée en principe au roi, en sa qualité de suzerain, et qui le fut véritablement en fait pendant fort longtemps, — était rendue dans le Palais royal ; seules les très petites causes abandonnées à un fonctionnaire étaient jugées ailleurs. Mais quand les rois cessèrent de rendre la justice eux-mêmes ([2]), il semble que le palais n'en resta pas moins réservé pour eux seuls. C'est pourquoi une salle spéciale était nécessaire, et, comme nous venons de le dire, à Etampes cette salle se trouvait au-dessus des étaux de boucherie, et en somme dans une propriété royale ([3]).

Avant le XVIe siècle, quand les habitants ne possédaient pas encore un hôtel de ville, les grands actes de la vie communale se passaient dans cette salle avec l'apparat et la solennité aimés du Moyen Age. Là se faisait l'élection des échevins ([4]). La salle de la

---

1. Il est notable combien Etampes a été peu favorisé dans cet ordre d'idées. L'art du dessin n'y fut sans doute jamais florissant. C'est seulement vers le milieu du XIXe siècle qu'un simple amateur, mais dessinateur consciencieux, Lenoir, a commencé à relever plusieurs monuments intéressants. Ses documents sont précieux.

2. Ils se faisaient quelquefois remplacer par la reine ou par le prince héritier désigné ; mais alors le principe était sauvegardé. — On a parlé d'une Salle de Justice construite spécialement dans ce but, à la fin du XIe siècle dans l'enceinte du château de Caen, pour l'usage des Ducs de Normandie (VERDIER et CATTOIS. *Architecture civile et domestique au Moyen Age*, Paris, 1855, t. II, p. 152).

3. Au Moyen Age, les salles convenables pour une telle cérémonie manquaient fréquemment. Aussi l'habitude se prit de *tenir les plaids* dans les églises. L'autorité ecclésiastique en était mécontente, et les conciles répètent sans se lasser leurs interdictions à ce sujet, interdictions qui ne paraissent pas avoir eu souvent grand effet.

4. « La manière de procéder en cette élection étoit, que les Echevins obtenoient du Lieutenant Général la permission de faire assembler les habitants. Ceux-ci assemblez, en la présence du même Lieutenant Général et du Procureur du Roy, en l'audience où l'on tenait les plaids... le Procureur du Roy requeroit que l'on fît la nomination des nouveaux Echevins. La nomination faite par les habitants, le Lieutenant Général prenoit le serment

Halle — car le bâtiment s'est aussi appelé ainsi pendant longtemps, — a cessé d'être salle d'audience quand les rois eurent renoncé à utiliser pour leurs séjours le palais royal devenu trop petit et mal commode. C'est la reine Claude qui consacra cet abandon, en 1518, en permettant aux habitants d'user de sa « *maison du séjour* » ([1]) pour les séances de justice.

Ensuite le sort de la salle des plaids devint aventureux. Pendant la Révolution, le bâtiment fut vendu comme bien national ([2]) : ceci prouve bien son origine royale.

Au XIXe siècle on y faisait des ventes publiques ; des troupes de passage ou des amateurs locaux y donnaient des représentations théâtrales ([3]). Une troupe de comédiens, celle de la famille Cizos, originaire de Chartres, résidait habituellement une partie de l'hiver à Etampes : en octobre 1824, pendant un de ces séjours, une fille naquit, la petite Marie Cizos, qui sous le nom de Rose Chéri devint célèbre autant pour son talent que pour sa vertu.

Une plaque de rue perpétue le souvenir de la Grande-Boucherie de Philippe-Auguste et de la salle des plaids, mais seulement en rappelant leur passé dramatique. Une rue qui borde la place vide est en effet désignée sous le nom de *Rue de l'Ancienne-Comédie*.

J'ajoute que la place actuelle représente plus que la superficie de la halle détruite. En même temps que la vieille construction royale, on démolit aussi une maison également historique qui appartenait au chapitre de la cathédrale Sainte-Croix d'Orléans ([4]), et qui d'ailleurs était dite « de Sainte-Croix ». C'est elle qui est dé-

---

de ceux qui avoient été nommez par la plus grande partie, de bien et deuëment gouverner, et administrer les deniers communs de la ville : et après avoir ainsi pris le serment, il prononçoit un acte de la teneur duquel il paroit qu'il leur donnoit toute l'autorité qu'ils avoient » (D. B. FLEUREAU, *Les Antiquitez d'Estampes*, Paris 1683, p. 212).

1. FLEUREAU, *ouv. cité*, p. 27.

2. Léon MARQUIS, *Les Rues d'Etampes*, p. 176. — Pourtant Marquis ajoute que le bâtiment était la propriété de la Communauté des bouchers. En outre, il émet la supposition que la Boucherie de Philippe-Auguste aurait été démolie en 1763. Mais ceci est inexact, car le bâtiment, que nous pouvons supposer avoir été reconstruit, a continué d'être désigné « la salle d'audience ». (Voir MARQUIS, p. 404, note G).

3. Sur le plan cadastral de 1825, le bâtiment est désigné « Théâtre ». Quand il fut démoli, les troupes d'amateurs allèrent s'installer dans une maison de la route de Paris, dite Salle de la Girafe.

4. Dans cette maison, le représentant du Chapitre d'Orléans exerçait à Etampes sa justice haute, moyenne et basse sur ses justiciables d'Etampes ou des environs (FLEUREAU, *ouv. cité*, p. 37).

signée en 1226, dans l'acte de limitation des paroisses Notre-Dame et Saint-Basile (1). Nous avons l'acte de délibération du directoire, en date du 31 octobre 1791, ordonnant sa vente comme faisant partie de la seigneurie du Menil-Girault (2). De cet hôtel Sainte-Croix, je considère comme en ayant fait partie la maison portant n° 14, qui existe actuellement à l'angle de la rue de la Tannerie et de la Place de l'Ancienne-Comédie, sur la façade de laquelle est sculptée en pierre une croix à deux branches égales. Cette maison, qui est très ancienne, possède une cave voûtée à deux étages.

Pour en revenir aux de Saint-Yon, il est évident que s'ils ne furent pas les concessionnaires de la boucherie étampoise aux XIIe et XIIIe siècles, ils ont pu le devenir par la suite ; le fait est très douteux, mais en tout cas, — et c'est tout ce que nous prétendons aujourd'hui, — ils ont bel et bien possédé à Etampes la grande demeure qui porte leur nom et dont l'ornementation soignée révèle le passé à travers le Moyen Age et la Renaissance. Je crois donc intéressant d'ajouter quelques mots de plus et sur eux et sur leur logis.

Comme on le conçoit tout de suite, cette vieille famille de barons tirait son nom du fief de Saint-Yon, près de Châtres, aujourd'hui Arpajon, qui est à quinze kilomètres environ d'Etampes ou de Corbeil.

D'après l'abbé Lebeuf (3), le plus ancien seigneur du fief serait *Hugo miles de Sancto Ionio*, cité au cartulaire de Notre-Dame-des-Champs. Aymon de Saint-Yon est nommé au cartulaire de Longpont dans un acte passé entre 1086 et 1135. Puis, sous Louis VI existait Païen, *Paganus de Sancto Ionio*, dont le vrai nom était *Rogerius* et qui servit de médiateur entre son prieuré de Saint-Yon et l'abbaye de Morigni.

---

1. FLEUREAU, *ouv. cité*, p. 404. — Ce très intéressant acte signé par Gautier Cornu, archevêque de Sens, confirme une partie de ce que nous avons dit ci-dessus. On y trouve cette phrase : « ... *A domo sanctæ Crucis Aurelianensis quæ est juxta domum Regis...* » La maison du Roi citée ici ne saurait être son habitation, son palais du séjour, qui eût été plus respectueusement désigné, mais une *propriété* du roi, mise en opposition avec la *propriété* du Chapitre d'Orléans. Il s'agit, à mon avis, de la Boucherie et de ses dépendances. Le même acte cite en même temps une propriété appartenant au Chapitre de l'église Sainte-Croix d'Etampes, qui au temps de Fleureau, était « renfermée dans le corps de la boucherie » (p. 405). Tout auprès (*juxta*) se trouvait également la propriété, le *domus* de l'abbaye de Saint-Denis, mais nous ne savons pas où exactement. Enfin l'auberge du Coq-en-pâte ne doit pas avoir changé de place depuis longtemps.

2. *Archives départementales*. En partie publié par L. MARQUIS, *ouv. cité*, p. 403. L'hôtel est estimé à 120 liv. de revenu et à 2113 liv. de capital.

3. *Hist. de la ville et du diocèse de Paris*, t. IV, p. 94, 163 et 164.

A partir de 1133, une série de transactions interviennent entre eux et plusieurs autres contractants : 1° le roi de France ; 2° les religieux de Saint-Martin des Champs, alors détenteurs du prieuré de Montmartre ; 3° les religieuses qui succédèrent à ceux-ci dans le même lieu passé au titre d'abbaye.

C'est dans ces derniers actes que les de Saint-Yon se révèlent les Grands-bouchers de Paris, car il s'agissait pour eux d'acquérir de vieux bâtiments mitoyens pour donner de l'extension aux étaux du Châtelet. En 1153, Philippe de Saint-Yon vendit aux religieuses de Montmartre tout ce qu'il avait de terres ou autres héritages à Torfou(1), en même temps qu'il remettait au roi le fief qu'il possédait en ce lieu (2).

Les Saint-Yon acquirent peu à peu une grande puissance à laquelle leur richesse ne fut sans doute pas étrangère. A la fin du XIIIe siècle, une de leurs filles, Agnès, épousa Robert II de Courtenay, Sr de Tanlay, de Ravières et de Saint-Winemer, qui était issu du roi Louis VI ; de même, une arrière-petite-fille de ce couple, Jeanne de Tanlay, dame de Poissy épousa Jean de Chamigny, Sr de Saint-Yon (3).

Les Saint-Yon se sentaient puissants et avaient de gros intérêts à défendre ; aussi n'est-il pas surprenant qu'ils aient joué parfois un rôle politique. Au commencement du XVe siècle, pendant les guerres des Armagnacs et des Bourguignons, ils se mirent à la tête des bouchers ou *Ecorcheurs*, du parti du Duc de Bourgogne contre le Duc d'Orléans et les Armagnacs, et furent un grave sujet de troubles. Les revers de la lutte leur firent perdre momentanément leurs privilèges. Néanmoins, au cours du siècle, Garnier de Saint-Yon fût échevin de Paris et garde de la Bibliothèque du Louvre(4). Enfin ils furent pendant plusieurs siècles si étroitement mêlés aux grands événements de la vie parisienne que les documents les concernant sont innombrables aux Archives nationales. La Communauté perdit

---

1. Cant. de la Ferté-Alais, arrt d'Etampes.

2. J'emprunte ces renseignements qui me paraissent très vraisemblables au P. DU BREUL, *ouv. cité*, p. 784 et suiv. — Au sujet de Torfou et du roi de France, voir L.-Eug. LEFÈVRE, *Etampes et ses Monuments au XIIe siècle*, p. 55, 76 et 85.

3. Le P. ANSELME, *Hist. de la Maison royale de France*, p. 445-446.

4. La guerre des Armagnacs eut une vive répercussion à Etampes, en 1411, sans que d'ailleurs le nom de Saint-Yon soit en vue dans les récits, du moins à ma connaissance. La ville se rendit sans lutte aux alliés Bourguignons et Parisiens ; mais le château-fort résista pendant quelques jours, et en somme, le pillage ne put être complètement évité.

Pl. II. — Grand-Hôtel-Saint-Yon.
Pignon sur la cour

son droit de juridiction en 1673, mais elle ne fut complètement et définitivement abolie qu'à l'époque de la Révolution.

Jusqu'à présent, le souvenir des Saint-Yon ne s'est perpétué à Etampes que par leur hôtel. Le mystère le plus singulier plane sur leur arrivée et leur établissement dans la ville. Cependant un renseignement encore inédit que j'ai eu la chance de trouver (1), va mettre les chercheurs de bonne volonté sur une nouvelle piste.

Tout d'abord, les Saint-Yon apparaissent dans les environs d'Etampes. Ils furent propriétaires à Torfou. En 1261, on cite Jehanne, dame de Saint-Yon et de Méréville (2) ; en 1293, Isabelle de Saint-Yon vend à Hugues de Bouville tous les droits qu'elle possède sur la seigneurie de Milly (3). Enfin il semble que la famille ait commencé à quitter son ancienne seigneurie patrimoniale de Saint-Yon, sous Charles VII, quand apparaît un certain de Behene (4).

Enfin, voici le fait important : nous savons par un arrêt du Parlement de Paris, en date du 6 octobre 1629, que Denis de Saint-Yon était alors lieutenant du bailliage d'Etampes, et que Hierosme de Saint-Yon avait, plus ou moins longtemps avant la même date, occupé le poste de maître des eaux et forêts du bailliage (5). Le chroniqueur étampois Pierre Plisson, qui a établi une liste des lieutenants généraux et particuliers (6) avant le XVIIIe siècle, ne cite aucun

1. Je dois cette chance aux fiches bibliographiques de M. Paul Pinson, dont la publication est en cours (Voir *Arrêts*).
2. MAX. LEGRAND, *ouv. cité*, p. 181. — Voir aussi *Rec. de Gaignières*, B. N., Est., P^e 11^a, f° 127.
3. Renseignement communiqué par M. PAUL PINSON.
4. LEBEUF, *ouv. cité*, p. 164.
5. Nous n'avons pas pu jusqu'à présent voir cet acte ou sa copie, car il y a de nombreuses lacunes dans les collections publiques, et M. Pinson lui-même n'a trouvé que le titre de l'arrêt. Il s'ensuit que nous ignorons si Denis de Saint-Yon fut lieutenant-général ou lieutenant particulier. En outre, nous avons retrouvé des lettres patentes du 18 décembre 1630, dans lesquelles Hiérosme de Saint-Yon est qualifié *lieutenant des eaux et forêts* (Arch. nat., Z^{1R} 567, f° 318). Il avait donc alors monté en grade. Il était peut-être le fils d'Antoine de Saint-Yon qui fut *lieutenant-général des eaux et forêts* au commencement du XVIIe siècle (Arrêts de la Cour du 6 juillet 1601, du 15 mars 1603, du 17 mars 1604). Il faut probablement identifier Anthoine avec le Sr de Sainctyon qui, en 1610, conseiller du roi, maître des requêtes ordinaires de son hôtel, publia un important ouvrage : *Les édicts et ordonnances des roys, coustumes des provinces, règlemens, arrests, etc... des eaux et forests*, Paris. Nous avons trouvé dans cet ouvrage les trois derniers titres cités ci-dessus ; il contient en outre des renseignements précis sur les règlements et coutumes d'Etampes, concernant les eaux et forêts, sur la nomination des maîtres et des *sergents dangereux*, etc. — Un maître Claude de Sainctyon fut procureur du roi en la Chambre du Trésor, en 1549 (Arch. nat., Z^{1A} 527, arrêt du 24 Novembre).
6. L. MARQUIS. *les Rues*.

Saint-Yon ; son énumération est d'ailleurs visiblement incomplète à l'époque en question, et cette lacune explique en partie comment les historiens suivants sont restés ignorants du fait (¹).

Jusqu'à présent, nous ne possédons aucun document prouvant que l'hôtel qui porte leur nom fut construit ou restauré par des Saint-Yon. Et même l'écusson gravé dans le marbre, qui veut attester au moins la propriété, est moderne.

Du moins, on savait formellement par les titres qui sont encore en la possession du propriétaire actuel de l'Hôtel St-Yon(²), quelle fut jadis l'importance de cette demeure, aujourd'hui divisée entre quatre propriétaires. Elle comprenait les maisons portant les numéros 15, 17, 19, et tout ou partie de la maison portant le numéro 13. Les aliénations successives ont commencé après 1607 pour être complètes en 1820. L'hôtel proprement dit est passé successivement entre les mains de Jacques Alleaume (fils de Ferry Alleaume), puis de Hémard de Danjouan qui le légua à son fils l'abbé Pierre (1675). En 1764, Robert Darblay, mégissier, en prend possession. En 1665, les Chartreux d'Orléans perçoivent une rente sur la location.

L'immeuble n° 19 a désormais perdu son ancien caractère ; on vient de lui enlever son dernier signe distinctif, une grande porte charretière à arc plein cintre. Là devaient avoir été reléguées les écuries et les remises (³).

L'immeuble n° 13 comprend au moins une tourelle d'escalier et une partie du bâtiment sur la rivière qui appartenaient jadis au n° 15, le Petit-Hôtel-Saint-Yon dont nous avons parlé au début (⁴). Le corps en façade sur la rue en a peut-être été détaché également.

Ainsi au XVIᵉ siècle, et très probablement depuis fort longtemps, les bâtiments de la propriété alors détenue par les de Saint-Yon au bord de la rivière canalisée et presque sans discontinuité, s'étendaient sur une longueur de 60 mètres environ.

1. Plisson cite comme lieutenants généraux : Claude Cassegrain en 1568 et Jacques Petau en 1626. Puis comme lieutenants particuliers : Pierre Le Maire en 1553 et Nicolas Cousté en 1634.
2. M. Auguste Dujoncquoy, adjoint au maire d'Etampes.
3. Un mémoire faisant partie des titres de propriété signale que la ruelle bordant le jardin et dite « du Pont-Doré », portait autrefois le nom de « Ruelle au Comte », parce qu'elle aboutissait à la rue du même nom. L'acte de 1226 mentionne un « vicus Comitis » qui doit sans doute se trouver en ces parages.
4. D'après le plan cadastral, le n° 15 fait hache sortante sur le n° 13 ; et le n° 13 entre de même dans la maison voisine, n° 11.

Pl. III. — Grand-Hôtel-Saint-Yon.
Lucarne sur la façade principale (restaurée)

— 17 —

Quant à l'hôtel actuel (n° 17, en A sur le plan) c'est une grande construction qui tourne autour d'une cour. Il a deux étages surmontés de toits très en pente qui font de vastes combles avec charpentes en châtaignier et lucarnes très ornées du côté de la rue.

Il est probable que l'hôtel a été bâti en deux fois ([1]), mais peut-être avec un court intervalle entre les deux constructions. Peut-être encore, à cette occasion, a-t-on démoli entièrement les édifices antérieurs, ou s'est-on contenté de les rajeunir. Le corps de bâtiment le plus ancien me paraît être celui qui touche au n° 19. Les meneaux de ses fenêtres ont été enlevés par un marchand de laines au milieu du siècle dernier. Depuis, une restauration opérée en 1873 par M. Dujoncquoy, a remis les choses à peu près en état.

L'autre corps de bâtiment, mitoyen avec le n° 15, est peut-être une annexe très ancienne, mais, en tout cas, il a une décoration très caractérisée de la fin du XV° siècle ou du commencement du XVI°. Il s'étend en travers, d'un côté s'avançant vers la rue, de l'autre enjambant la rivière. L'aile nord-ouest possède une ornementation particulièrement soignée, parce qu'elle était du côté de la rue.

Son grand pignon, qui donne sur la cour, a son rampant garni de crochets ayant toute l'exubérance de leur époque (Pl. II). Il est gardé à droite et à gauche par deux chiens héraldiques. Celui de gauche est ancien ([2]) ; l'autre ne l'est pas.

Les sculptures bien conservées qui ornent les montants et l'archivolte de la lucarne de la façade (Pl. III) sont remarquables par leur style ; elles représentent des feuillages qui s'échappent d'un vase et grimpent enchevêtrés à des amours. La lucarne rectangulaire est coupée par une *croisée*, c'est-à-dire par un meneau et une traverse horizontale. Elle est surmontée d'un fronton triangulaire refait et plus ou moins inventé par l'architecte restaurateur([3]), ainsi que les deux clochetons qui l'accostent. Il y a sur la cour deux autres lucarnes semblables et restaurées dans les mêmes proportions, mais dont les montants et l'archivolte sont simplement moulurés.

L'hôtel est flanqué de deux tourelles d'escalier, dont une possède quatre étages, le dernier étant occupé par une pièce qui accapare toute la cage au-dessus de l'escalier ([4]).

1. A l'intérieur, on trouve deux grands murs accouplés.
2. Il fut retrouvé intact dans un grenier.
3. M. Roguet, en 1873.
4. Les tourelles d'escalier datant du Moyen Age sont extrêmement communes à Étampes. Le palais royal en possédait une très élevée dont la partie supérieure devait être

Chaque tourelle avait sa porte d'entrée ouverte sur la cour. La plus richement sculptée de ces portes donnait accès dans la tourelle sud : elle a été malheureusement mutilée ; sa structure est changée, et même elle est engagée dans de nouvelles constructions qui n'en laissent plus voir qu'un fragment.

La porte de la seconde tourelle est parfaitement conservée, et c'est un bon exemple parmi les plus simples des portes ornées qui furent érigées à Etampes à la fin de la période gothique ([1]). Les fenêtres de la même tourelle ont aussi un joli caractère dans leur simplicité (Pl. IV).

Du côté de la rue seulement, toutes les ouvertures de fenêtres des appartements sont quadrangulaires ; toutes sont divisées en quatre compartiments par une *croisée* ([2]). Les bases des montants et des meneaux sont moulurées de la même façon que la porte de la tourelle. Sur la façade du jardin, les fenêtres sont banales à l'exception d'une très bien conservée, mais qui, étant plus étroite, ne possède pas de croisée.

J'ajoute que les faîtières et les girouettes sont modernes.

A l'intérieur, les chambres sont très vastes, mais sans ornementation aucune, à l'exception d'une pièce du premier étage, dans le pavillon sur la rue. Celle-ci possède un plafond à poutrelles avec de nombreuses incrustations. Cette jolie décoration a malheureusement subi dernièrement un désastre : un commencement d'incendie a chauffé à l'excès la matière sans doute résineuse qui bouchait les trous d'incrustation, et ceux-ci se sont presque tous vidés.

Les quatre plus grandes chambres du bâtiment principal, superposées deux à deux, possèdent une garde-robe ménagée dans l'épaisseur du mur du côté de la rivière, mais non pas, comme on pourrait le croire, avec une bretèche ouverte au-dessus de l'eau.

---

disposée de la même façon que celle de Saint-Yon (Voir notre étude, *Le Palais royal d'Etampes et sa peinture historique*, extrait du *Bulletin de la Commission départementale des Antiquités de Seine-et-Oise*, 1909).

1. Voici les portes étampoises du même style : dans l'église Notre-Dame, les deux portes de la Sacristie (1514) ; église Saint-Basile, deux portes au Sud et une au Nord, plus une quatrième, à l'intérieur ; église Saint-Gilles, portes nord et sud ; porte d'une petite construction sur la Promenade du Port ; porte dernièrement déplacée, d'un ancien petit manoir, rue Saint-Mars. Quelques-unes de ces portes ont une ornementation beaucoup plus riche, plus complète, étant abritées sous des larmiers en accolades avec des crochets ou des figurines animales et un fleuron.

2. Toutes ces *croisées* sont l'œuvre de la restauration.

Pl. IV. — Grand-Hôtel-Saint-Yon.
Tourelle d'escalier

Ces cabinets font pourtant sur la façade deux parties saillantes que l'on prendrait volontiers pour des contreforts, malgré les étroites ouvertures dont elles sont percées.

Enfin je puis signaler encore l'existence d'une cave avec voûte en berceau légèrement brisé.

En résumé, l'hôtel Saint-Yon est une grande maison où les ornements assez nombreux ont tous été exécutés avec beaucoup de soin. A défaut d'une plus grande originalité, et en raison du souvenir de la haute famille qui s'y rattache, cela suffit amplement pour qu'il retienne notre attention.

MONTDIDIER. — IMPRIMERIE BELLIN

MONTDIDIER. — IMPRIMERIE BELLIN.

www.ingramcontent.com/pod-product-compliance
Lightning Source LLC
Chambersburg PA
CBHW061008050426
42453CB00009B/1321